LE
SERMENT D'HIPPOCRATE

ET

LA LITHOTOMIE

PAR

LE Dʀ RENÉ BRIAU

Bibliothécaire de l'Académie nationale de médecine.

PARIS

CHEZ VICTOR MASSON ET FILS

PLACE DE L'ÉCOLE-DE-MÉDECINE.

1873.

LE

SERMENT D'HIPPOCRATE

ET

LA LITHOTOMIE

ANGERS. IMP. P. LACHÈSE, BELLEUVRE ET DOLBEAU.

LE

SERMENT D'HIPPOCRATE

ET

LA LITHOTOMIE

PAR

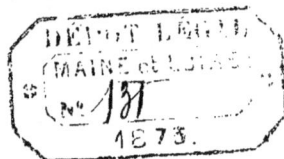

LE Dᴿ RENÉ BRIAU

Bibliothécaire de l'Académie nationale de médecine.

PARIS

CHEZ VICTOR MASSON ET FILS

PLACE DE L'ÉCOLE-DE-MÉDECINE.

1873.

Ce mémoire a été lu à l'Académie des inscriptions et belles-lettres dans les séances des 25 avril et 16 mai 1873.

LE

SERMENT D'HIPPOCRATE

ET

LA LITHOTOMIE

Le sujet dont je vais avoir l'honneur d'entretenir l'Académie semble d'abord trop spécial et trop technique pour attirer son attention et se concilier son intérêt. Cependant, comme il s'agit, d'une part, de l'interprétation d'un texte grec; de l'autre, de faits historiques qui touchent par plusieurs points à l'histoire générale, j'ai pensé que la savante compagnie entendrait sans défaveur mon mémoire, et que la critique à laquelle j'ai le dessein de me livrer avait de quoi l'intéresser, ne fût-ce que comme observation de la marche de l'esprit humain dans les découvertes de la science et de l'art.

Au nombre des écrits qui portent le nom d'Hippocrate, il en est un dont l'authenticité est généralement reconnue, en tant du moins qu'il lui est contemporain ou même antérieur, et qu'il émane de la famille des Asclépiades; je veux parler du SERMENT Ὅρκος, qui est en tout

1

cas un monument médical antique de premier ordre, empreint de grandeur et même de sentiment religieux. Les préceptes qui y sont simplement et brièvement exprimés sont d'une inspiration tellement élevée qu'ils ont pu dans tous les temps être, à juste raison, considérés comme une sorte de code moral de la profession médicale.

Toutefois, parmi ces préceptes il en est un qui semble sortir du caractère général dominant dans ce texte vénérable ; et, à cause de cela, il a toujours été considéré comme difficile à comprendre et à motiver. Je veux parler de celui où l'auteur fait jurer à ses élèves de ne point pratiquer l'opération de la pierre : Οὐ τεμέω δὲ οὐδὲ μὴν λιθιῶντας, ἐκχωρήσω δὲ ἐργάτῃσιν ἀνδράσι πρήξιος τῆσδε. « Je ne taillerai point ceux qui souffrent de la pierre, je laisserai cette opération aux gens qui s'en occupent. » Ce texte est clair et précis ; les manuscrits ne donnent point de variantes qui puissent en modifier la signification, et les plus savantes éditions d'Hippocrate sont unanimes pour reproduire la leçon que je viens de donner. La difficulté signalée par les commentateurs ou traducteurs n'est donc point dans le texte ni dans sa signification, elle existe tout entière dans le précepte lui-même et dans la pensée qui l'a dicté.

Dans le tome IV de sa très docte édition des ŒUVRES D'HIPPOCRATE, et dans l'argument dont il fait précéder le texte et la traduction du SERMENT, M. Littré a parfaitement résumé les discussions auxquelles a donné lieu le passage relatif à l'opération de la taille. Beaucoup d'auteurs ont voulu qu'il y eût là une faute de copiste et ont fait les plus grands efforts pour changer, suivant leurs vues particulières, le sens qu'ils ne voulaient pas accepter. Personnellement, je ne puis oublier avec quelle vivacité et quelle conviction le savant et regretté professeur Malgaigne rejetait la possibilité qu'un médecin tel qu'Hippocrate eût pu proférer « un blasphème médical » comme celui du texte adopté, et à quelles arguties il avait recours pour se démontrer à lui-même qu'un chirurgien digne de ce nom n'a jamais pu vouloir défendre à ses élèves de pratiquer la taille ou lithotomie. Il aurait voulu pouvoir se ranger à l'opinion de René Moreau, qui prétendait voir dans le précepte du SERMENT la défense de pratiquer la castration. M. Littré avait eu lui-même la pensée de substituer dans le texte la leçon αἰτέοντας à celle de λιθιῶντας, ce qui, en effet, aurait complétement changé le sens du précepte, lequel alors aurait été : « Je ne castrerai pas même ceux qui le demanderaient. » Mais le savant éditeur a reculé devant les indications dont il donne le détail. Et dans le fait cette opinion ne peut se soutenir que par une substitution de mots injustifiable devant l'unanimité des manuscrits.

D'autres auteurs, et c'est le plus grand nombre, ont admis l'interprétation donnée par le texte, qu'effectivement le SERMENT défend aux médecins de pratiquer la lithotomie et veut qu'ils laissent cette opération aux spécialistes ; mais alors les objections surgissent en foule. Les médecins hippocratiques, disent quelques-uns, pratiquaient toutes les opérations chirurgicales, et elles sont indiquées dans les livres de la collection ; pourquoi donc cette exception si solennelle pour une seule d'entre elles ? Bien plus, ajoutent quelques autres, et plus particulière-

ment M. Littré, il est parlé dans les livres d'Hippocrate du
cathéter ou de la sonde comme d'un instrument ordi-
naire et d'usage commun, et du cathétérisme comme
d'une opération journellement pratiquée dans diverses
maladies de la vessie, et notamment pour constater si
une pierre existe dans cet organe ; comment donc pour-
rait-on concilier la défense du SERMENT avec cette pratique journalière du cathétérisme ? « Ainsi, ajoute
M. Littré, voilà des médecins hippocratiques qui sondent
les malades pour reconnaître si la vessie renferme une
pierre ; c'est le préliminaire nécessaire de toute opération de la taille ; et, soit qu'ils pratiquassent eux-mêmes
cette opération, soit qu'ils la renvoyassent, comme le
dit le SERMENT, à des lithotomistes de profession, ἐργάτῃσιν ἀνδράσι, il est impossible de ne pas conclure de l'emploi du cathétérisme pour diagnostiquer la présence de
la pierre à la pratique de l'opération pour extraire cette
pierre ; surtout si l'on se rappelle que les anciens gardent
un profond silence sur l'invention de la taille, la relèguent
par cela même dans les temps pour lesquels ils n'avaient
pas de documents. »

Avec M. Littré, et pour les raisons qu'il donne jointes
à plusieurs autres dont je parlerai plus loin, je regarde
comme certain que l'opération de la taille était pratiquée dans des temps bien antérieurs à Hippocrate.

Enfin, d'autres ont prétendu qu'il fallait voir là une
injonction au médecin de ne pas descendre à l'office de
chirurgien, office indigne de lui, en un mot quelque
chose de semblable à ce qui a longtemps existé dans la
médecine du moyen âge, alors que les chirurgiens
étaient classés parmi les barbiers. Mais, dit encore avec

toute raison le savant éditeur de la collection hippocratique, il suffit d'énoncer cette opinion pour que chacun
en voie l'absurdité. Tout dans les livres de l'école hippocratique montre que la médecine et la chirurgie étaient
sur la même ligne, avaient la même dignité, étaient
exercées par les mêmes hommes.

En définitive, tous ceux qui n'admettent pas le sens
donné par le texte de tous les manuscrits sont réduits à
faire des hypothèses invraisemblables, impossibles
même, et en tous cas injustifiables ; nous ne nous en
occuperons pas dans la suite de cet écrit. Pour tous
ceux, d'autre part, qui admettent le sens du précepte,
tel que le donne le passage cité plus haut du SERMENT,
ce précepte reste énigmatique, inexplicable, incompréhensible. La difficulté consiste donc à découvrir les motifs, le but et la portée de ce précepte. Le présent tra-
vail a pour objet et aura, j'espère, pour résultat d'éclairer
ce problème et d'en donner la vraie solution. En effet,
je me crois en mesure de faire voir comment Hippocrate
est resté fidèle à lui-même en défendant à ses élèves de
pratiquer l'opération de la lithotomie.

Pour bien juger cette difficulté et en trouver la solution, il faut d'abord se représenter la médecine hippocratique telle qu'elle existait réellement et telle qu'elle
nous apparaît d'une manière évidente dans les divers et
nombreux écrits que nous ont laissés ses maîtres ; c'est-
à-dire qu'elle était une science raisonnée, réfléchie, éta-
blie sur ses vraies bases, éclairée par l'observation et
l'expérience ; en même temps un art libéral, éminent

par sa dignité, son élévation et sa noblesse ; enfin une profession indépendante, exercée avec moralité, délicatesse et probité, absolument respectable. C'est ainsi que la médecine se révèle à nous dans les écrits de la collection hippocratique, et particulièrement dans le SERMENT, dont j'ai fait ressortir ailleurs (1) et sous un autre aspect, la hauteur de vues et le sentiment profondément délicat.

De cette appréciation conforme en tous points à la vérité, découlera immédiatement la conséquence suivante : c'est que toute pratique aveugle, aventureuse, purement empirique, ne s'appuyant sur aucun principe ni sur aucune donnée scientifique, devait être bannie de l'enseignement, ainsi que de l'exercice professionnel, et interdite au médecin qui voulait demeurer honorable et jaloux de la considération publique comme de sa propre dignité.

Or, l'opération de la lithotomie telle qu'elle se pratiquait alors généralement, possédait au plus haut degré ces caractères d'aventure, d'empirisme aveugle, de danger plus ou moins immédiat pour la vie et de hasardeux expédient. Ceux qui la pratiquaient n'avaient aucune connaissance précise dès parties sur lesquelles ils portaient leur scalpel. Quand ils avaient la bonne fortune de ne léser ni la vessie ni aucun des organes importants qui l'avoisinent, leur opération pouvait être couronnée de succès ; mais c'était un pur hasard ou du moins un résultat heureux, et assez rare, d'une longue expérience ; et dans aucun cas l'opérateur n'était certain, d'avance, d'avoir ce bonheur. Aucune règle fixe ne présidait au

(1) *L'Assistance médicale chez les Romains*, ch. VII, p. 101.

manuel opératoire, et c'est justement pour cela qu'on ne trouve point de description de la lithotomie dans les œuvres de l'école hippocratique. Il semble dès lors évident que c'est pour cette même raison que les médecins de cette école savante et réservée refusaient de faire une opération aussi livrée au hasard et aussi éloignée de toute donnée scientifique et raisonnée que l'était la lithotomie.

D'une autre part, cependant, la pierre dans la vessie est une maladie commune, fréquente, plus ou moins douloureuse, toujours très-incommode et tenant ses victimes, si l'on n'arrive pas à les en débarrasser, sous la menace incessante d'une catastrophe à peu près inévitable. De là la nécessité absolue de tâcher de la dissoudre ou de l'extraire d'une manière quelconque. Dès les temps les plus anciens, ainsi qu'on doit l'inférer de divers textes authentiques, les médecins étaient en possession d'instruments propres à la faire reconnaître d'une manière certaine, indépendamment même des signes plus ou moins positifs que pouvaient fournir les organes, tels, en particulier, que la nature des douleurs, leur siége et surtout les qualités physiques du liquide urinaire. Dans cette situation, et la mort étant presque certaine ou bien la vie insupportable si la pierre n'était pas enlevée, les calculeux demandaient avec instance à courir les chances de l'opération, et il se rencontrait des hommes hardis qui consentaient à faire ce qu'ils désiraient.

Sans aucun doute, ces hommes furent d'abord de ceux qui avaient quelques connaissances médicales générales, c'est-à-dire des médecins adonnés à l'observation et à l'éxercice de l'art de guérir. Puis, enhardis par quelques succès et éclairés par l'expérience et une pratique plus ou moins longue, ou même encouragés par la faveur et la confiance publiques, ces hommes, ces médecins se firent, de l'opération de la taille, une spécialité, une occupation exclusive. Beaucoup d'entre eux devinrent *periodeutes* ou *circulatores*, c'est-à-dire qu'ils allaient de ville en ville, de pays en pays, exercer leur art spécial. On peut le conjecturer avec d'autant plus de probabilité que les textes anciens signalent un grand nombre de *periodeutes*, surtout parmi les médecins spécialistes, et que d'ailleurs les choses ne se passaient pas autrement en Europe dans le moyen âge et même dans les temps modernes.

La nécessité de l'opération de la taille est telle que l'on serait en droit d'affirmer, même sans preuves directes, qu'elle a dû être pratiquée dès la plus haute antiquité. Mais cette affirmation est étayée de preuves suffisantes pour qu'il ne puisse rester aucun doute sur la réalité de sa pratique fréquente. M. Littré en donne une des meilleures en citant les passages des écrits hippocratiques où il est parlé du cathéter et du cathétérisme comme nous en parlerions nous-mêmes, c'est-à-dire comme de choses depuis longtemps vulgaires et d'usage très-ancien. Or, puisque l'un des principaux objets du cathétérisme était de reconnaître si une pierre existait dans la vessie, le savant éditeur de la collection hippocratique en conclut nécessairement, et avec toute raison, que l'opération de la taille était depuis longtemps pratiquée au temps d'Hippocrate, bien qu'elle ne soit décrite dans aucun ouvrage de cette époque et quoique le Serment défende de la faire.

Il nous reste, dans les auteurs anciens, trois descriptions plus ou moins détaillées de la lithotomie, en trois langues différentes, et ces descriptions nous donnent une connaissance tout à fait complète de la manière dont elle était exécutée à trois époques assez éloignées l'une de l'autre. L'une, en sanscrit, se trouve dans le livre de Suçruta; l'autre, en latin, est dans l'ouvrage de Celse; la troisième, en grec, nous a été laissée par Paul d'Égine. Ce dernier auteur florissait vers le milieu du VIIe siècle de l'ère chrétienne; Celse écrivait dans les commencements du Ier siècle, vers les temps de l'empereur Tibère; quant à Suçruta, nous ne savons rien de lui ni de l'époque où il vécut. Son traité de médecine a été publié en sanscrit à Calcutta en 1835, et M. Francis Hessler l'a traduit en latin.

Sans vouloir aucunement discuter ici la question de savoir vers quelles dates de l'histoire générale a pu être composé ou rédigé le livre de médecine de Suçruta, chose impossible à faire utilement dans l'état actuel de la science, je crois qu'il est difficile de nier que cet ouvrage contienne un grand nombre de passages empreints d'un caractère d'archaïsme incontestable et de prescriptions de pratiques religieuses, le plus souvent exprimés en Çlokas ou distiques, ce qui donne à ces textes une physionomie antique, tandis que d'autres portent les marques d'une rédaction plus moderne. L'illustre indianiste et docteur en médecine Wilson regardait comme probable qu'à une époque reculée il existait une école de médecine célèbre à Bénarès (1) et croyait que l'ou-

----

(1) *It seems probable that Kasi or Benares was at an early period celebrated school of medicine...* (*Vishnu purana*, p. 407, n° 11. London, 1840.)

vrage de Charaka était le plus ancien livre de médecine connu. M. Thomas Wise, de son côté, a accumulé de nombreux arguments appuyés de textes anciens pour démontrer l'antiquité du traité médical de Su-çruta (1).

Quoi qu'il en soit, il reste hors de doute, même par le témoignage des écrivains grecs, non-seulement que l'expédition d'Alexandre le Grand n'a point introduit l'étude et la pratique de la médecine dans l'Inde, mais qu'au contraire cette contrée était déjà depuis longtemps en possession d'une science médicale dogmatisée et fon-dée sur l'observation et sur l'expérience lorsque les Grecs envahirent les Indes. C'est ce qui ressort avec toute évidence de plusieurs passages des fragments qui nous restent de l'historien Mégasthène et surtout des suivants : Εἰσὶ δὲ παρ' Ἰνδοῖς καὶ ἐπὶ τοὺς ξένους ἄρχοντες τεταγμένοι καὶ φροντίζοντες ὅπως μηδεὶς ξένος ἀδικῆται · τοῖς δ'ἀρρωστοῦσι τῶν ξένων ἰατροὺς εἰσάγουσι καὶ τὴν ἄλλην ἐπιμέλειαν ποιοῦνται, καὶ τελευτήσαντας θάπτουσιν, ἔτι δὲ τὰ καταλειφθέντα χρήματα τοῖς προσήκουσιν ἀποδιδόασιν... Περὶ μὲν οὖν τῆς Ἰνδικῆς καὶ τῶν κατ' αὐτὴν ἀρχαιολογουμένων ἀρκεσθησό-μεθα τοῖς ῥηθεῖσι. (Mégasthène, *Frag. epit. Indic.*, 41 et 42, édit. F. Didot.) « Il y a aussi chez les Indiens des magis-trats préposés aux étrangers et s'étudiant à ce qu'aucun d'eux ne souffre une injustice. Si quelqu'un de ces der-niers tombe malade, ces magistrats font venir des méde-cins et pourvoient à tous ses besoins. S'il vient à mourir, ils se chargent des funérailles et rendent à sa famille tous les biens qu'il laisse... Mais contentons-nous de ce qui vient d'être dit sur l'Inde et sur ses antiquités. » Il

_____

(1) *Comment. on the Hindu system of medicine*, London, 1860, in-8. — *Review of the history of medicine*, by Th. Wisc. London, 1867, 2 vol. in-8.

est clair, par ces dernières paroles, que Mégasthène parle de cette institution des médecins indiens comme d'une chose très-ancienne.

Dans un autre passage, le même historien affirme que, après les Çramanas (Σαρμάναι), ce sont les médecins qui sont le plus honorés : Μετὰ δὲ τοὺς Ὑλοβίους δευτερεύειν κατὰ τιμὴν τοὺς ἰατρικοὺς (1). « Après les gens des forêts, ce sont les médecins qui sont le plus honorés (2). » Néarque dit que Alexandre avait près de lui les plus habiles des médecins indiens : καὶ ἐπὶ τῷδε Νέαρχος λέγει συλλελεγμένους ἀμφ' αὐτὸν εἶχεν Ἀλέξανδρος Ἰνδῶν ὅσοι ἰατρικὴν σοφώτατοι (3) : « Néarque ajoute que Alexandre avait auprès de lui les Indiens les plus habiles dans la médecine. » Strabon affirme, d'après d'autres auteurs, que les anciens Indiens ne s'appliquaient à aucune autre science qu'à la médecine : μὴ ἀκριβοῦν δὲ τὰς ἐπιστήμας πλὴν ἰατρικῆς (4).

Voilà, ce me semble, des autorités irrécusables qui attestent l'antiquité de la médecine dans l'Inde, et je n'ai pas épuisé la liste de ces témoignages. Je me contente d'ajouter qu'il est fait assez souvent mention des médecins dans le recueil des lois de Manou, et qu'ils y sont désignés comme des hommes familiers et jouant dans la société brahmanique un rôle populaire et non sans importance (5).

(1) *Ibid.*, lib. III, 40.

(2) Pour comprendre ce passage de l'historien grec, il faut savoir que les Çramanas étaient livrés à l'ascétisme et qu'ils vivaient en anachorètes dans les forêts.

(3) Arrien, *Indica*, c. xv.

(4) L. XV, c. I, 34.

(5) *Manava Dharma Sastra*. Lois de Manou, traduites du sanscrit par A. Loiseleur-Deslongchamps : — liv. III, 152 ; *id.*, 180 — liv. IV, 179 ; *id.*, 212 ; *id.*, 220 — liv. IX, 284 ; *id.*, 293 — liv. X, 47 ; *id.*, 87.

Si aux démonstrations directes qui précèdent on joint les considérations que j'ai présentées dans un autre ouvrage (1) sur la nécessité de la pratique médicale dans toute société jouissant d'un commencement de civilisation, on se convaincra facilement que la médecine a dû être exercée dans l'Inde à une très-haute antiquité, et que les livres de Charaka et de Suçruta, quelle que soit la date de leur rédaction définitive, n'ont fait que reproduire une grande partie des traditions, des enseignements depuis longtemps connus et mis en pratique, et fondés sur l'observation et sur l'expérience. En ce qui concerne l'opération de la pierre, elle est si impérieusement indispensable qu'elle a dû être une des plus anciennement hasardées. Or, voici la description de cette opération, extraite du livre de Suçruta, telle que nous la trouvons dans la traduction latine de M. Hessler. Elle porte bien les caractères de l'exactitude ; il n'est pas inutile d'ailleurs de dire que M. Hessler est médecin.

« L'issue de l'opération, même faite par un médecin habile, est incertaine. Aussi doit-on la considérer comme la dernière ressource. Si on ne la fait pas, la mort est indubitable ; si on la fait, le malade a chance de vivre. C'est pourquoi, après avoir invoqué Isvara, le médecin probe doit opérer.

« Lorsque le malade a été oint, purgé des humeurs viciées ; quand son corps est un peu amaigri, qu'on l'a frictionné et fait transpirer ; après qu'il a mangé, qu'il a joui des bienfaits du sacrifice, des vœux et des béné—

---

(1) *L'Assistance médicale chez les Romains*, c. 1ᵉʳ.

dictions suivant les rites ; qu'enfin il est muni de toutes
les choses nécessaires, le médecin doit lui adresser
d'abord des paroles de consolation. Ensuite il prescrit à
un homme vigoureux et sans peur de s'asseoir sur un
escabeau de la hauteur du genou. Il fait d'abord placer
le malade sur les cuisses de celui-ci, puis le renverse
sur le dos, les cuisses levées en l'air et couché dans les
plis de ses vêtements ; il lui attache ensemble en les rap-
prochant les bras et les genoux, soit avec un lien, soit
à l'aide de ses vêtements de dessous. Le médecin alors
doit frictionner le côté gauche de la région ombilicale
convenablement ointe, la fouler avec le poing en descen-
dant depuis l'ombilic vers le bas de l'abdomen, jusqu'à
ce que le calcul soit tombé au fond. Ensuite, après avoir
trempé dans l'huile les doigts indicateur et médian de
la main gauche, dont les ongles ont été préalablement
coupés, il les introduit dans l'anus en suivant la direction de la suture, et attire avec adresse et vigueur les
parties situées entre l'anus et le pénis. Il atteint ainsi
la vessie, qui doit être indolore, relâchée et point iné-
gale ; il la presse vigoureusement d'en haut avec ses
deux doigts, de telle sorte que la pierre vienne saillir
à l'intar d'un nœud.

« Si, le calcul étant saisi, le malade tombe en défail-
lance et laisse pendre sa tête comme s'il était tué, et s'il
devient semblable à un mort, que le médecin s'abstienne
d'extraire le calcul ; car, s'il le fait, le patient mourra
nécessairement. Mais, en l'absence de ces symptômes, il
doit entreprendre l'extraction de la pierre.

« Ayant donc soin de laisser la suture du côté gauche
sur une étendue d'un grain d'orge *hexasticon*, le méde-

cin doit prendre un scalpel proportionné à la grosseur du calcul ; il peut aussi agir du côté droit si la commodité de l'opération l'exige ; du moins quelques-uns le prétendent. Le médecin doit faire attention à ne diviser ni écraser la pierre ; car s'il reste un fragment, si petit qu'il soit, il finit par grossir. C'est pourquoi l'opérateur doit saisir avec la pince le calcul tout entier. »

Telle est la description de Suçrata. Comprenant bien tous les dangers de cette opération aventureuse, l'auteur commence en déclarant qu'on ne doit la pratiquer qu'à la dernière extrémité, et il la termine en énumérant les principaux dangers auxquels elle expose le malade et qu'il invite le médecin à éviter de son mieux. Ainsi il lui recommande de ne pas blesser les uretères, les canaux spermatiques, les organes de la génération, la suture, l'anus et l'abdomen ; seulement il n'indique pas et ne pouvait pas indiquer les moyens propres à éviter ces accidents ; et de fait, avec cette manière d'opérer et dans l'ignorance où l'on était de la structure des parties intéressées dans l'opération et de leurs rapports réciproques, il n'existait véritablement aucun moyen certain et efficace de les empêcher de se produire. Toutefois, il est facile de comprendre qu'un homme intelligent, observateur et prudent, pouvait, en se livrant à cette spécialité, y acquérir une très-grande expérience et une habitude qui lui donnaient plus de sûreté dans le manuel opératoire, ainsi qu'une dextérité propre à le guider à travers tous les dangers et à lui faire éviter plus souvent les accidents redoutables qu'il connaissait. Il arrivait ainsi, à force de tact et d'habileté, à rendre ses succès plus nombreux ; mais c'était toujours une qualité personnelle en dehors de la science, puisqu'elle ne pouvait ni être enseignée, ni être acquise par l'étude. C'est évidemment à cette sorte d'opérateurs extra-scientifiques que Hippocrate voulait qu'on s'adressât.

La description de Celse est beaucoup plus détaillée que celle de Suçruta, et par conséquent plus complète, car on doit remarquer que ce dernier auteur n'indique aucunement la manière d'inciser, pas plus que l'endroit où il faut porter le scalpel ni la profondeur à laquelle il doit atteindre. Il dit seulement que les manœuvres préliminaires doivent avoir pour but et pour résultat d'amener la pierre au fond, de manière à lui faire produire une saillie extérieurement, et sans aucun doute au périnée. Ce but une fois atteint, le médecin devait couper toutes les parties qui recouvraient le calcul en se servant de ce calcul même comme d'appui. Suçruta n'entre point dans tous ces détails pourtant essentiels, et les suppose probablement connus de ses lecteurs, et on les apprenait en voyant opérer. L'auteur du livre connu sous le nom de Suçruta était un médecin qui enseignait la science à des élèves déjà plus ou moins initiés.

Celse, au contraire, était un polygraphe qui n'avait jamais pratiqué la médecine et ne la connaissait que comme un amateur instruit. En cherchant à l'exposer aux hommes studieux comme lui, il ne devait négliger aucun détail ; d'autant plus que, ainsi qu'il nous l'apprend, et malgré le précepte du serment hippocratique, la médecine scientifique, à la belle époque de l'école d'Alexandrie, s'était emparée de l'opération de la taille et avait essayé d'en rendre toutes les particularités essentielles un peu moins primitives et barbares. Elle avait

fait des efforts pour la soumettre aux mêmes règles que
les autres opérations ; mais ces efforts furent vains et
ne produisirent que des modifications de forme et sans
importance, puisque nous constatons, par la description minutieuse de Celse, que le procédé opératoire est
en définitive le même qu'auparavant, et qu'il n'est ni
plus sûr, ni mieux entendu, ni moins exempt de péril,
ni plus scientifique, en un mot, que celui des Indiens.

Au reste, Celse écrivait au siècle d'Auguste ; par conséquent sa description est élégante et du plus beau style.
Les diverses phases de l'opération y sont présentées sa-
vamment dans leur ordre et avec une méthode parfaite.
Les conseils de prudence, de ménagements, de précau-
tions de toutes sortes, y sont prodigués dans un lan-
gage net, précis, clair et digne en tous points de la belle
époque littéraire où vivait l'auteur. Mais en ce qui concerne l'opération elle-même, rien ne diffère au fond de
la description sanscrite, pas même la réflexion triste de
Suçruta, savoir, que cette opération est périlleuse et
qu'il ne faut la faire que comme suprême ressource. La
seule modification un peu intéressante rapportée par
Celse est celle qui fut imaginée par un médecin alexan-
drin du nom d'Ammonius, non point dans le mode opératoire, mais dans un détail de l'extraction du calcul ;
elle consistait en ce que, si la pierre se trouvait trop
grosse pour passer à travers l'ouverture faite par le
scalpel de l'opérateur, il fallait la fendre en plusieurs
morceaux et tirer l'un après l'autre chaque fragment.

Il est bon de faire remarquer tout de suite que, pour
diviser la pierre, Ammonius la saisissait avec un cro-
chet et la fixait solidement pour qu'elle ne pût s'échap-

per sous le choc ; puis il appuyait contre cette pierre le bout d'une tige de fer, et, en frappant avec un marteau sur l'autre bout de cette tige, il divisait ainsi le calcul. Ce qui rend ce détail intéressant, c'est que cette manœuvre est précisément celle de la lithotritie et qu'il n'y avait qu'un pas à faire pour arriver au broiement de la pierre dans la vessie, en y introduisant un instrument par le canal naturel et sans aucune incision. Nous verrons tout à l'heure que ce pas fut assez vite franchi.

La troisième description ancienne de la lithotomie est celle de Paul d'Égine, qui vivait vers le milieu du VIIe siècle de notre ère, ainsi que je l'ai démontré dans l'édition que j'ai publiée du Traité de Chirurgie de cet auteur (pages 21 et suiv.). Cette description est beaucoup moins littéraire et moins détaillée que celle de Celse ; mais elle est plus nette, plus précise et, si l'on peut s'exprimer ainsi, plus chirurgicale que celle de Suçruta. Du reste, elle ne révèle aucun fait nouveau, sinon que l'auteur affirme en termes pittoresques que, aussitôt l'incision faite en se servant de la pierre comme point d'appui au scalpel, celle-ci s'élance quelquefois *gracieusement* et sans aucun retard au dehors : Χωρὶς ἀναβολῆς χαριέντως ὁ λίθος ἐκπηδᾷ. Ce détail, que la pierre elle-même poussée jusqu'à faire saillie au périnée sert de point d'appui au couteau du chirurgien, est un très-bon commentaire à la description de Suçruta et fait bien comprendre le motif des manœuvres qui précédaient l'incision.

Pour tout le reste, et à part les pratiques de religion, l'opération s'exécute, au temps de Paul d'Égine, exactement comme à l'époque de Suçruta ; de sorte qu'au-

2

cun progrès réel et durable n'avait eu lieu depuis les
temps les plus anciens jusqu'à l'entrée du moyen âge
dans la manière de pratiquer l'extraction de la pierre
par la lithotomie, et c'est là une chose curieuse et intéressante à considérer dans l'histoire de l'esprit humain.
Voilà une opération nécessaire, disons mieux, indispensable au salut d'un grand nombre d'hommes ; et malgré
l'intérêt immense qui existait à la fois pour les calculeux et pour ceux qui leur donnaient des soins, à découvrir un moyen plus facile et moins chanceux de les guérir, malgré les efforts inouïs qui furent certainement
tentés pour arriver à ce but, aucune amélioration tant
soit peu notable n'eut lieu ni dans la théorie ni dans la
pratique de l'opération. On la faisait encore au commencement du VIIᵉ siècle comme au temps de Suçruta.
Aucun progrès sérieux ne fut fait pendant des milliers
d'années, où elle resta constamment sous le joug d'un
empirisme dangereux et où elle était exécutée dans l'i-
gnorance et dans l'aveuglement. Cet état de choses dura
même encore pendant tout le moyen âge et jusqu'au
commencement du XVIᵉ siècle. Ce n'est, en effet, que
vers l'an 1520 qu'un médecin de Crémone, Jean de Romani, eut l'idée d'introduire préalablement le cathéter
dans la vessie, afin de s'en servir comme d'un guide pour
conduire sûrement l'instrument tranchant dans cet organe. Cette idée très-simple réalisa un perfectionnement
considérable dans le manuel opératoire, et suffit pour
faire sortir définitivement la lithotomie de la voie empirique et barbare et pour lui ouvrir la voie scientifique
et rationnelle.

Ainsi la moindre réflexion, le plus petit effort d'esprit

fait dans une bonne et vraie direction, une application
simple et facile d'un instrument qui était dans toutes les
mains, et dont l'usage et le maniement étaient vulgaires
et quotidiens parmi les chirurgiens, voilà ce qu'il fallait
pour amener un immense progrès et sauver la vie d'un
grand nombre de calculeux ! Et pourtant ce progrès ne
fut réalisé qu'après des milliers d'années d'étude et de
pratique ! Il n'y avait rien à inventer, puisque la sonde
était connue et employée même pour reconnaître si une
pierre existait dans la vessie ; il suffisait d'assigner à cet
instrument une destination nouvelle, un autre but à
atteindre, et personne n'eut cette pensée, ou du moins
personne ne l'appliqua.

On ne saurait trop s'étonner de ce singulier phéno-
mène de l'esprit humain, de cette pauvreté apparente
dans le domaine de la réflexion, lorsqu'on le voit dans
d'autres circonstances si prompt à saisir la plus petite
lueur de vérité pratique. Est-il permis de croire que
l'on aura donné la véritable explication de ce fait, en
disant que, d'une part, les hommes de l'art ne faisaient
qu'à leur corps défendant une opération qui ne sauvait
qu'un petit nombre de malades et ne satisfaisait point
leur sentiment d'hommes de science, et que, d'autre
part, on avait généralement la brillante mais vaine espé-
rance de guérir la pierre sans aucune opération, ce qui
détournait les esprits sérieux de toutes recherches ayant
pour but l'amélioration et le progrès du procédé opératoire ?

Ce dont on ne peut douter, c'est que des efforts ex-
traordinaires, incessants et opiniâtres furent tentés dans
le cours des siècles pour arriver à la guérison d'une

maladie aussi grave et aussi commune que la pierre.
Mais ces efforts ne portèrent point, à ce qu'il semble, sur
les moyens de rendre l'opération plus sûre et moins dangereuse. En tous cas, il n'en reste point de traces, ce qui
prouve bien que tout le monde la regardait comme une
ressource ultime et ne laissant que peu d'espoir. Les
médecins ne tentaient point de l'améliorer, parce qu'ils
répugnaient à la pratiquer. Sans aucun doute, les ten-
tatives multipliées auxquelles se livrèrent les expérimen-
tateurs pendant de longs siècles tendirent à peu près
toutes à découvrir des liquides propres à dissoudre les
calculs dans les voies urinaires, soit qu'on les fît prendre
en boisson aux malades, soit qu'on les leur injectât direc-
tement dans la vessie à l'aide d'instruments appropriés.

Les anciens livres grecs de médecine et principa-
lement ceux de la basse époque sont remplis de formules
inventées dans ce but et présentées comme devant avoir
ce résultat qu'elles n'atteignaient jamais ; elles nous sont
restées comme pour témoigner de la direction fausse
que prenaient les esprits et de l'abondance stérile dont
ils firent preuve dans la poursuite de ce mirage appelé
la dissolution de la pierre dans la vessie. C'est ainsi que
les recherches s'égaraient dans une voie erronée et in-
féconde. Elles s'y maintinrent pendant des siècles avec
une constance, un courage et une opiniâtreté dignes
d'un meilleur sort et n'aboutirent en définitive à aucun
résultat utile. On voulait à tout prix éviter l'opération de
la taille, et l'on ne perdit jamais l'espoir d'atteindre ce
but ; et il est très-vrai qu'on en arriva bien près, si l'on
ne l'atteignit pas complètement, mais non point à l'aide
des dissolvants.

En effet, plusieurs siècles avant que l'idée lumineuse et féconde de Jean de Romani eût été mise en pratique, il était survenu un fait chirurgical des plus intéressants. Cette sonde, ce cathéter dont la science médicale était en possession depuis les temps les plus anciens et qui rendait tant de services, soit comme instrument d'investigations pour rechercher si la pierre existait dans la vessie, soit aussi comme moyen de vider cet organe ou d'y injecter des liquides, cet outil si simple dont on n'eut pas l'idée de se servir comme guide pour le couteau du chirurgien, on avait eu la pensée de l'utiliser pour servir de conducteur d'une tige de fer propre à broyer les pierres sans opération sanglante et sans aucune solution de continuité ; en un mot le cathéter ou la sonde donnèrent l'idée de l'instrument lithothrypteur ou lithotriteur ; et l'art de broyer les pierres et de réduire en poussière les calculs dans la vessie même sans aucune incision fut inventé. A quelle époque eut lieu la première tentative de broiement ? C'est ce qu'il est impossible de déterminer avec précision. Mais ce qu'on peut affirmer avec certitude, c'est que la lithotritie était pratiquée au commencement du ixe siècle de notre ère.

Je vais essayer de mettre ce fait en évidence par une suite de textes dont le plus ancien et le plus explicite est d'un auteur grec qui vivait à l'époque que je viens d'indiquer. Ce texte me fut signalé, il y a une quinzaine d'années, par M. le docteur Olympios, d'Athènes. Je l'ai trouvé dans la VIE DE SAINT THÉOPHANÈS écrite par un de ses contemporains et amis qui n'a pas laissé son nom. Cette biographie, parfaitement authentique, se trouve en tête de l'ouvrage du saint intitulé : CHRONO-

GRAPHIE, ouvrage publié dans la collection des historiens
byzantins. J'ai extrait le texte suivant de l'édition publiée à Bonn en 1839. Il est ainsi conçu :

Τότε δὴ τότε πρὸς πόλιν καλεῖται καὶ ὁ θαυμάσιος, οὐ τυραννικῇ γὰρ βιαίᾳ
χειρί, ἀλλὰ θωπείαις ταῖς ἐξ ἔθους δῆθεν ἐκμαλασσόμενος · « Κατ' ἐχθρῶν »,
φησὶν, « ἐκστρατεία μοι παρέστη, καὶ δέον ταῖς εὐχαῖς καθοπλισθέντα πρότε-
ρον, οὕτω συμμίξαι τοῖς πολεμίοις. » Ὁ δὲ (Θεοφάνης), τὸ τῶν τρόπων κα-
κόηθες τοῖς ἐπιστάμενος, νεφρῷ πολυχρονίῳ καὶ δυσουρίᾳ τρυχόμενος · ὄργανα
γὰρ διὰ τοῦ φυσικοῦ ὑπονόμου τηκύστῃ παραπεμπόμενα καὶ τοὺς ἐγκειμένους
ἐν ταύτῃ διαθρύπτοντα λίθους, τοῖς ἐκτὸς παρεπέμποντο, τὴν ἔξοδον τῷ ὑγρῷ
περιττώματι, ὡς δυνατόν, ἀκώλυτον μηχανώμενα. Τούτοις οὖν τρυχόμενος καὶ
κλινήρης διὰ βίον ὑπάρχων, ἀκατίῳ περαιωθεὶς πρὸς τὴν βασιλίδα πόλιν
ἐγκαθορμίζεται. »

Voici la traduction littérale de ce texte : « C'est alors
que fut aussi appelé à la ville cet homme admirable (Théophanès), non par la tyrannie et la violence, mais par les
caresses et les flatteries habituelles. « J'ai à soutenir
une guerre contre les ennemis, » lui disait l'empereur,
« mais, pour les combattre, il faut d'abord que je sois
armé de tes prières. » Or, Théophanès, réfléchissant à
la méchanceté de son caractère, et bien qu'il fût tourmenté par une néphrite chronique et par une dysurie,
— en effet, des instruments avaient été introduits dans
la vessie par le canal naturel, et, après avoir broyé les
pierres qui s'y trouvaient, les apportaient au dehors et
enlevaient autant que possible mécaniquement tout
obstacle à l'écoulement de l'urine, — et quoique ainsi
tourmenté il passât ses jours au lit, il se fit transporter
sur un bateau et débarqua dans la ville impériale. »

Ces faits avaient lieu sous l'empereur Léon l'Armé-
nien, vers l'an 816 (1), et saint Théophanès, après avoir

(1) Bolland., 1er avril.

passé les deux dernières années de sa vie dans une prison, y mourut le 12 mars 819. Il avait donc survécu de trois ans au broiement de sa pierre, et dans des conditions bien propres à l'empêcher de réussir.

Je n'ai pas besoin de faire ressortir la netteté, la clarté et l'importance de ce texte. Il est impossible de décrire en moins de mots et d'une manière plus saisissante l'opération faite à saint Théophanès. La précision de cette description est d'autant plus démonstrative qu'il est de toute évidence que le biographe ne la fait qu'incidemment, sans y attacher aucune importance intrinsèque et entre parenthèses. Il n'emploie aucun mot technique ou spécial ; il ne connaît pas les termes scientifiques ; il est visible, en un mot, qu'il parle de ce qu'il a vu, mais seulement pour donner de la clarté à son récit et surtout pour attirer l'intérêt du lecteur sur son personnage en mettant en relief toutes les difficultés et les dangers qui existaient pour le saint dans son obéissance aux désirs de l'empereur. Toutes ces circonstances donnent au fait de cette opération de lithothrypsie une authenticité qui me paraît incontestable et me le font considérer comme acquis sans conteste à la science.

J'ajoute que l'expression διαθρύπτοντα, de θρύπτω, spécifie absolument que la pierre fut broyée, écrasée par l'instrument, et non point usée et réduite en poussière par le frottement, car dans ce dernier cas l'auteur n'aurait pas manqué d'employer le verbe τρίβω. Aujourd'hui on appelle à tort du nom générique de lithotritie l'une et l'autre manière d'opérer ; et, à vrai dire, le broiement ou écrasement est à peu près exclusivement employé, ce qui rend tout à fait impropre l'expression de lithotritie.

Voilà donc le broiement de la pierre certainement connu et pratiqué au commencement du IXe siècle de l'ère chrétienne ; et il est probable que si le procédé avait été nouveau et encore inconnu notre auteur l'aurait mentionné. Mais contentons-nous de ce qu'il nous dit, et, après avoir constaté tous les faits de son récit, arrêtons-nous sur une réflexion qui se présente immédiatement à l'esprit : comment comprendre et expliquer qu'une pareille opération, faite à peine un siècle après la mort de Paul d'Égine, et un peu plus d'un siècle et demi après la destruction de l'école d'Alexandrie, dans un des pays les plus éclairés du monde, ait pu se perdre dans le cours des siècles suivants, à ce point qu'elle a dû être véritablement réinventée de nos jours ? C'est là un problème qu'il n'est pas impossible ni même très-difficile de résoudre.

Nous avons vu que l'opération de la pierre dite lithotomie avait été en général rejetée en dehors de la médecine scientifique et repoussée par les médecins consciencieux, et justement honorés, comme une opération empirique, dangereuse et faite en dehors de toute règle doctrinale. Elle restait par conséquent le domaine pour ainsi dire patrimonial de quelques familles dont les membres s'adonnaient exclusivement, de père en fils, à cette opération et y acquéraient une expérience consommée qui leur valait des succès plus nombreux que d'autres n'en auraient pu obtenir. On ne peut douter que celui qui eut le bonheur de trouver le moyen de réduire en poussière les pierres de la vessie sans opération

sanglante, et qui s'en servit avec succès, se garda bien
de faire connaître ses instruments et sa manière de les
employer. Il en fit sans aucun doute un secret qu'il trans-
mit à son fils, afin de tirer le plus de profit possible de
sa découverte. C'est là une conjecture qui acquiert un
véritable degré de certitude, si l'on réfléchit que les
choses se sont toujours passées ainsi dans tous les temps
et dans tous les lieux, toutes les fois que l'intérêt per-
sonnel et la cupidité y ont trouvé leur compte, et l'amour
du lucre sa satisfaction ; et sans sortir de la spécialité
de notre sujet, rappelons ici que l'on a vu à plusieurs
reprises, et de nos jours encore, des chirurgiens dissi-
muler avec le plus grand soin à la vue de tout le monde
et du malade lui-même les instruments dont ils se servaient pour opérer.

Or, le secret des instruments de lithothrypsie put tomber et dut effectivement finir par tomber dans des mains
inhabiles, chez un homme riche, insouciant, préférant
le plaisir au gain, et qui, n'ayant plus la volonté ni le
besoin de l'exploiter, le laissa peu à peu inappliqué sans
le transmettre à d'autres, et finalement tomber dans
l'oubli. Sans doute cet oubli ne fut pas d'abord com-
plet ; des transmissions de plus en plus insuffisantes
durent avoir lieu ; des récits plus ou moins exacts et des
traditions obscures ou incomplètes dans les détails fi-
nirent très-probablement par rendre les instruments
inaptes au service auquel on les destinait et leur maniement difficile, de sorte que leur application, devenant
pleine d'embarras, les hommes qui s'en servaient ob-
tinrent moins de succès et eurent plus de revers, ce qui
est essentiellement propre à faire tomber en désuétude

un procédé opératoire. Il est tout à fait vraisemblable
que les choses se passèrent ainsi, car dans la suite des
temps postérieurs à celui de saint Théophanès, et prin-
cipalement chez les Arabes, qui seuls à cette époque
avaient hérité de la science hellénique, on retrouve des
traces de divers modes de destruction de la pierre sans
instruments tranchants dans des auteurs de différentes
époques, ce qui prouve que la tradition n'en avait jamais
été perdue tout à fait.

Parmi ces derniers, et en suivant l'ordre des temps,
nous trouvons dans le xe siècle le fameux Ibn Sina, dit
Avicenne, qui parle de la pulvérisation de la pierre à
l'aide du diamant (1), ainsi que Jean Sérapion qui fait
la même mention (2). Pour le xie siècle, nous citerons
Aboulkassem, de Zahara, plus connu sous le nom d'Al-
bucasis. Deux passages célèbres et souvent cités de ce
chirurgien contiennent l'indication et même la description du broiement des calculs. Son procédé opératoire
était bien imparfait et exposait même le malade à des
dangers immédiats, mais enfin il avait une ressemblance
qu'on ne peut méconnaître avec un des moyens mis en
usage dans ces derniers temps. Il consistait à perforer
la pierre avec une tige de fer. Au xiiie siècle, un autre
médecin arabe, Teïfaschy, signale également pour l'avoir
vu mettre en œuvre le procédé de destruction de la pierre
par le frottement à l'aide d'un diamant fixé au bout d'une
tige métallique que l'on introduisait dans le réservoir
urinaire. C'est le procédé indiqué par Avicenne et par

---

(1) *Canon.* l. II (art. DIAMANT).

(2) *Practica dicta breviarium*, c. CCCLXXXI.

Sérapion. Un peu plus tard, un cinquième médecin arabe, Kaswini, rapporte qu'il fit avec succès une semblable opération. M. Clément Mullet a donné quelques détails sur ces faits dans un mémoire publié en juin 1837 dans le journal asiatique.

Nous en trouverions d'autres traces encore plus tard et jusque dans l'occident de l'Europe. Ainsi, vers la fin du xve siècle, le médecin Alexandre Benedetti écrivait les paroles suivantes : *Aliqui intus sine plaga lapidem conterunt ferreis instrumentis* (1). Il est vrai qu'il ajoute : *Quod equidem tutum non invenimus.*

En définitive, tous ces textes prouvent que la pratique de la lithotritie n'a jamais été complétement abandonnée depuis le viiie siècle jusqu'au xvie, mais qu'elle a subi des vicissitudes, à cause de l'impéritie de ceux qui la pratiquaient et sans doute aussi à cause de l'imperfection des instruments mis en usage, deux phénomènes provenant très-probablement de ce que les chirurgiens lithotriteurs faisaient toujours plus ou moins un mystère de leur opération. Cela est tellement vrai que c'est à la lumière de l'anatomie que la lithotritie s'éclipsa complétement, de manière qu'il n'en fut plus question. Déjà l'idée de Romani et l'emploi de la sonde comme guide avaient ramené à la pratique de la lithotomie un grand nombre de bons esprits ; mais en outre l'étude et les progrès de l'anatomie, en faisant connaître les organes intéressés dans l'opération de la taille et les rapports de ces organes entre eux, donnèrent à la lithotomie une précision scientifique et des règles certaines qui permirent d'ob-

_____

(1) *De re medica.*

tenir des succès beaucoup plus nombreux qu'auparavant et qui contribuèrent évidemment à rejeter dans l'oubli le broiement de la pierre, car on peut dire avec toute vérité que depuis le XVIᵉ siècle l'opération de la taille, entrée par l'anatomie dans le domaine véritablement scientifique, est définitivement sortie par ce seul fait des mains des empiriques et ne peut plus y rentrer.

Je ne puis me dispenser de faire remarquer ici que la défense faite par l'école hippocratique à ses élèves de pratiquer l'opération de la taille n'est pas un fait unique et isolé dans l'histoire de la médecine. En effet, vers le milieu du XIIIᵉ siècle, le célèbre chirurgien Lanfranc professait qu'il fallait abandonner cette opération aux gens ignorants et avides de gain (1). Le fameux Guy de Chauliac dit également que les habiles, *periti*, ont laissé cette opération aux coureurs, *cursoribus* (2), et cette manière de voir était générale parmi les vrais médecins du moyen âge ; tous ceux qui étaient instruits et honorables refusaient de pratiquer la lithotomie, et cela pour les mêmes motifs qui avaient commandé son interdiction par l'école hippocratique. Il est évident que le sentiment qui animait cette école était partagé par tous les médecins habiles et respectables, quel que fût leur pays.

Je crois pouvoir conclure des faits et considérations qui précèdent que le précepte du serment hippocratique n'offre rien d'énigmatique ni d'incompréhensible ; qu'il s'explique, au contraire, très-facilement et très-naturellement par le sentiment de dignité vivement accusé dans

(1) *Chirurgia magna et parva* (*ad verbum*).
(2) *Grande chirurgie*, Trait. VI, doct. 2, ch. VII, édit. de L. Joubert

tous les ouvrages d'Hippocrate, sentiment qui ne permettait point au médecin sortant de son école de faire une opération dangereuse, manquant de base scientifique, pendant laquelle le couteau de l'opérateur s'enfonçait dans la chair vivante, sans que celui-ci pût connaître les organes qu'il divisait, ni se rendre compte des conséquences immédiates de son action chirurgicale. Ce précepte ainsi compris, et il ne peut l'être autrement, ne fait que grandir dans notre estime la noblesse, la dignité et l'élévation de sentiments qui distinguent la grande école hippocratique et le document pour ainsi dire sacramentel qui sert d'initiation à ses élèves.

ANGERS, IMP. P. LACHÈSE, BELLEUVRE ET DOLBEAU.